INSTANTES DEL NO SER

虚空
すべてが存在する場所

ホセ・ミラジェス・メローニョ

虚空
すべてが存在する場所

José Miralles Meroño

INSTANTES DEL NO SER

ホセ・ミラジェス・メローニョ

虚空
すべてが存在する場所

イラスト：由太郎・ホセ・ミラジェス・小林

José Miralles Meroño

INSTANTES DEL NO SER

Ilustraciones de
Yutaro José Miralles Kobayashi

colección
| ARS NOVA |

虚空 すべてか存在する場所
ホセ・ミラジェス・メローニョ

コレクション：ARS　NOVA
出版管理：イリア・ガラン

イラスト：由太郎・ホセ・ミラジェス・小林

翻訳：村上久美子

有限会社 EntreAcacias
[出版]
Palacio Valdés, 3-5, 1º C
33002 Oviedo - Asturias (ESPAÑA)
管理部：(+34)984 300 233
info@arspoetica.es | pedidos@arspoetica.es

第 1 版：2020 年 9 月
ISBN : 978-84-17691-98-1
法定納本：AS 01257-2020
印刷　スペイン Podiprint 社

Instantes del no ser
José Miralles Meroño

Colección: ARS NOVA
Dirección editorial: ILIA GALÁN

Ilustraciones:
Yutaro José Miralles Kobayashi

Traducción:
Murakami Kumiko

EntreAcacias, S. L.
[Sociedad editora]
Palacio Valdés, 3-5, 1º C
33002 Oviedo - Asturias (ESPAÑA)
Tel. administración: (+34) 984 300 233
info@arspoetica.es | pedidos@arspoetica.es

1ª edición: septiembre, 2020

ISBN: 978-84-17691-98-1
Depósito Legal: AS 01257-2020

Impreso en España
Impreso por Podiprint

「師は、そこにじっと座して、何を考えておられますか。」

「考えないことを考えている。」

「考えないことをどうやって考えられますか。」

「考えないことでだ。」

薬山惟儼 (745-828 年)

¿En qué piensa el maestro, ahí sentado, inmóvil?

Pienso el no pensar

¿Cómo se piensa el no pensar?

Sin pensar

Yaoshan Hongdao (Weiyan) (745-828)

INTRODUCCIÓN

Querido lector:

Esta breve obra, que ahora tiene Ud. entre sus manos, es la destilación poética de una trayectoria vital que, por el momento, se ha prolongado hasta casi los 50 años de edad. Asimismo, también es el producto de la colaboración entre un hijo y su padre. En este sentido, cuando medité sobre cómo dar forma a este librito, acudí a mi hijo, Yutaro, para que con su arte ilustrase estos breves instantes que ahora escribo y que, por otra parte, son la consecuencia de mi profunda convicción en que cualquier clase de conocimiento sólo adquiere su verdadero y pleno valor cuando es compartido.

En un momento como el actual, donde nuestro desarrollo como especie nos ha llevado a alcanzar unas cotas de capacidad y progreso tecnológicos inimaginables hace sólo unas pocas décadas, así como a establecer unas relaciones interpersonales muy marcadas por el frenético ritmo de nuestras propias sociedades —donde un individualismo narcisista parece haber venido para quedarse, con su impertinente inflación del yo—, donde todo —y a todos— se instrumentaliza en beneficio propio, y donde poco —o nada— se valora como vía para contribuir al propio crecimiento personal, quizás sea necesario detener el tiempo, por un instante, para regresar a lo esencial y, si acaso, para reflexionar sobre la conveniencia de volver al *no ser*. *No ser* entendido, si Ud. me lo permite, desde una lógica afín al pensamiento oriental —aunque no exclusiva de este último—, donde la afirmación del heideggeriano *Dasein* habita en la realidad de su propia negación. Un lugar —el del *no ser*— en el que, olvidándonos de lo propio, en aras de una ineludible integración con la otredad, se consigue la reafirmación de la propia existencia.

Descansar en el *no ser*. *No ser* entendido como ese particular estado de comprensión en el que todo se detiene. Estado donde no parecen existir ni el tiempo ni el espacio, ni el yo y sus circunstancias y, sin embargo, donde toda la existencia está presente. No sólo nuestra propia existencia —que deja de tener significado, de ser relevante—, sino toda esa existencia que Spinoza formuló en su «*Deus sive Natura*» y que tan acertadamente reinterpretó cuando refirió la cita de Pablo en el monte Areópago: «En él vivimos, nos movemos y existimos...». *No ser* entendido como un particular estado donde la propia consciencia se encuentra conectada y vigilante, atenta al cambio y dispuesta para la acción. Estado que está en todos nosotros y, sin embargo, donde la mayoría no estamos.

Un no *ser* entendido como el proceso de comprenderse, primero y ante todo, a uno mismo en su relación con la sartreana otredad. Estado de entendimiento sutil e introspectivo, que conoce por sí mismo. Estado de comprensión completa e íntima, libre de juicios y prejuicios; comprensión que, a su vez, se extiende más allá de lo concebido como propio, sin ánimo de poseer, ni juzgar, sino abierto a compartir e integrar. Estado donde la conjunción de esa íntima comprensión del *ser* y el *no ser* ofrece como resultado un absoluto que no es la suma de las partes, sino una totalidad que, finalmente, conduce a la propia autorrealización.

En definitiva, mediante esta obrita —basada en una narración de instantes vividos en Gotō (五島市), en la prefectura de Nagasaki (Japón)— trataré de compartir con Ud. unas reflexiones (si es que pueden ser denominadas de esa forma) que quizás, y en algún momento de su propio recorrido vital, puedan resultarle de utilidad. Gotō es uno de esos lugares donde es posible reconciliarse con lo esencial, con lo que es inherente a nuestra condición humana —en tanto que parte de la Naturaleza—; y donde, a su vez, el tiempo y el espacio se readecúan al ritmo natural de las cosas que crecen, de lo que tiene existencia por sí mismo y es, por tanto, ajeno a nuestras frágiles construcciones mentales como seres humanos. Gotō es uno de esos lugares donde todo parece vibrar en conexión con el pulso de la Naturaleza; con el latido del Onidake (鬼岳), con lo efímero de los cerezos en Mitake (箕岳) y con el vaivén de las olas en la playa de Takahama (高).

Por otra parte, y en lo que respecta a los textos en sí mismos, durante la lectura de la obra, los lectores familiarizados con el pensamiento y literatura orientales encontrarán semejanzas evidentes con el estilo literario del haiku japonés. En este sentido, debo señalar que nada más lejos de mi intención que pretender equipararme con semejantes maestros del arte oriental. No obstante, resulta ineludible reconocer que sí se dan ciertos paralelismos con el haiku, mediante el recurso a un estilo castellanizado de redacción que ha resultado serme particularmente útil como herramienta para vehicular estos instantes. Asimismo, y en relación con lo anterior, en determinados momentos de la redacción, he querido entretejer un humilde y cariñoso homenaje (en algunas ocasiones explícito, en otras veladas y sutil) a la genialidad de algunos de los maestros que, a través de sus obras, me han acompañado a lo largo de estos años, tales como, Akutagawa Ryonosuke, Arthur Schopenhauer, Baruch Spinoza, Facundo Cabral, Fujitani Mitsue, Hannah Arendt, Inoue Enryō, Karaki Junzō, Martin Heidegger, Miyazaki Hayao, Nishida Kitarō, Søren Kierkegaard, Suzuki Daisetsu, Takuan Sōhō, Ueda Kenji, Ueshiba Morihei o Yosa Buson, entre otros.

Volviendo a los textos, es oportuno referir que éstos se articulan sobre un único universo físico que gira alrededor de la referida isla de Gotō (también denominada Fukue, 福江島). Desde este singular universo, los textos se construyen sobre la evocación de instantes vividos —y a veces, revividos— en este particular entorno geográfico que, a su vez, se ha reproducido mediante la correspondiente acuarela. Dado el carácter intimista de la obra, hemos —mi hijo y yo— procurado crear una simbiosis entre ilustraciones y textos de tal forma que determinado contenido de éstos últimos —latente y oculto—, quede mejor insinuado para el lector, y así provocar que, en cierto modo, éste pueda profundizar en la esencia de lo que, en conjunto, se pretende transmitir. Por otra parte, el recurso a las diferentes estaciones se ha revelado como una adecuada herramienta para situar, en una línea de tiempo, la evolución de mi propio pensamiento durante este periplo vital y ha contribuido, a su vez, a mantener una vibrante conexión —a modo de hilo conductor— con cierta tradición del pensamiento y filosofía orientales durante la ejecución de la obra.

Finalmente, y con respecto a los propósitos de esta humilde creación, espero que estos *Instantes del No Ser* evoquen en Ud., amable lector, una reflexión serena y profunda que le aliente en su camino. Con respecto a mis hijos —Yutaro y Kenjiro—, mi deseo es, junto con lo anterior, poder ayudarles a profundizar en la comprensión de esta existencia, que denominamos vida —así como de su propia vida—, cada vez que repasen estas líneas que, torpemente, su padre ha conseguido esbozar. Sin duda, las ilustraciones de mi hijo contribuirán a estos fines mucho más que mi propia escritura ya que, con el paso del tiempo, ambos pondrán en valor la totalidad de este esfuerzo de creación compartido, percibiendo como manifiesto lo que, en estos sencillos versos, se encuentra sutilmente sugerido.

Por último, y a modo de reflexión final, me permito aventurar que, quizás, lo importante del camino no sea llegar hasta el final, sino tener conciencia plena de cada instante —único e irrepetible— del propio transitar.

A todos les deseo un largo y provechoso caminar donde, con cada paso y a cada instante, puedan ir creciendo en sabiduría.

はじめに

親愛なる読者のみなさま

みなさまが手にされている本は、現在 50 歳を目前にした著者の歩んできた人生から生まれたものです。本のイラストは、息子の由太郎がその才能を存分に発揮してくれました。ここに完成した父と息子の共同作品「虚空(こくう) すべてが存在する瞬間」は、みなさまと共有することによってこそ本当の価値を持つものと確信しています。

生物の種としての人間の発達は、数十年前には考えられないほどの高い技術と進歩をもたらしました。反面、人々は過剰な自我、強い自己愛をもち、自己の利益ばかりが優先される傾向にあります。自己啓発のためのなにかをもちにくい現代社会においては、対人関係にしても以前とは異なる一面がクローズアップされてきています。そんな今、ほんの少し歩みをとめて原点に戻る、「虚空」に戻ることが必要な時期が来ているのかもしれません。

「虚空」とは、例えるなら東洋的思考に近い論理、ハイデッガーのダーザイン(*)「存在学(存在論)」に見られる概念です。「虚空」。それは、私たちが自我を忘れ、他者との一体化を目指して己の在り方を再確認できる場所ということです。

*(訳者注:)Dasein(現存在):ドイツの哲学者ハイデッガーの用語。日常において自己を人間として理解しており、また問うという存在可能性を持っている存在者。(日本国語大辞典 第 2 版 小学館)

「虚空」。それは、万物が停止する悟りの状態を意味します。時間も空間も、また自我やそれぞれの事情も一切存在しないようにみえて、実はすべてがそこに存在します。ここに私たち個々の存在はもう意味を持たないわけです。これについては、哲学者スピノザの著書「Deus sive Natura(神即自然)」にも定義されています。「そこで私たちは生き、行動し、また、存在する…」－これはスピノザが使徒パウロにアレオパゴス山で発したとされる名言です。「虚空」、それは意識そのものや注意力があり、変化にも敏感、かつすぐに行動が起こせる状態。私たちは誰もがそんな状態にあって、同時にそんな状態にはないともいえるでしょう。

哲学者サルトルによると、「虚空」とは、自分と他者との関係において自己を理解するプロセスともされています。自らを省みて自分自身を理解し、予測や偏見から離れ。また、あらゆる所有欲や判断力を排して、ただ分かち合い、一体化することを受け入れる状態です。「虚空」とは何もない空間であり、同時にすべてが存在する場所。ここに単なる足し算を超えた「すべて」が生まれ、それがひとりひとりの自己実現につながってゆくのではないでしょうか。

なお、東洋的思考や文学に慣れ親しんだ方には、この本の文章が日本の俳句のようだと感じられるかもしれません。確かに私は俳句というものに強い影響を受けています。そのスタイルを「虚空」を伝える道具として少し拝借したことで、どこか俳句に似た文章となっていることは認めざるを得ません。ただ、私が恐れ多くも俳句の大家と肩を並べようとしてこの本を書いたのではないことは、ここに明確に申し上げておかなければなりません。

私の敬愛する大家達（芥川龍之介、アルトゥル・ショーペンハウアー、バールーフ・デ・スピノザ、ファクンド・カブラル、富士谷御杖、ハンナ・アーレント、井上円了、唐木順三、マルティン・ハイデッガー、宮崎駿、西田幾多郎、セーレン・キェルケゴール、鈴木大拙、沢庵宗彭、上田賢治、植芝盛平、与謝蕪村、その他）、彼らの偉業への心からの敬意がにじみ出ているものとお考えいただければ幸いです。

この本は長崎県の五島で過ごした私の体験から生まれたものです。五島にはものの本質、人間のもろい精神構造とは無関係な自然、時間と空間、物事の成長のリズム、そして自然の一部としての私たちとのハーモニーがあります。たとえば地底にうごめく鬼岳の鼓動。あるいは、はかなく散りゆく箕岳の桜。高浜に打ち寄せる無数の波、また波。五島という地において、そこに在る自然、理、すべての調和が感じられるのです。

この本の中で私は五島列島の島（福江島）を自然世界の中心に据え、そこで経験したことの回想に息子のイラストを添えて編集しました。息子と私は、文章またはイラストだけでは感じられないほのかなエッセンスをみなさんに感じ取っていただけるよう、また、私たちが伝えようとしているものの本質を読者自身が探究できるよう努めました。四季を用いたこの本の構成は、私の思考を時間軸で展開するとともに、東洋的思考、哲学と私の文章とをつなぐ接点としても作用したと思っています。

親愛なる読者のみなさま、「虚空 すべてが存在する瞬間」がある時はみなさまを勇気づけ、ある時は静かに人生を考えるきっかけになりましたら幸いです。息子の由太郎、賢次郎には、父が不器用に書き綴った文章を彼らが読み返し、そのたびに人生という言葉の意味を探り、彼ら自身の人生を探し求め続けてくれることを願ってやみません。由太郎のイラストは、私の文章よりもその道しるべとして大きな役割を果たしてくれるかもしれません。息子たちにとって、時の経過とともにこの本をともに創りあげたことの価値は増し、この本に織り込まれた私の真摯な想いはおそらくより深い意味を成していくことでしょう。

最後に、大切なことはゴールをすることではなく、ゴールに至るまでに通り過ぎる物事、二度とは繰り返されることのない瞬間を十分に生きぬくことにあるのではないかと、あえて述べさせてください。

すべての方々が一歩一歩、一瞬一瞬に生きる知恵を増し、実りある人生を歩んでいかれますように。

謝辞

作品に入る前に、私の親愛なる友人ハビエル・オタオラ、ARS POETICA 社の編集者、そして編集スタッフのみなさまに感謝の言葉を述べさせていただきます。

彼らの優れた判断力と温かい支援なしには、このささやかな創作物は陽の目を見ることはなかったでしょう。

AGRADECIMIENTOS

Permítanme, antes de pasar a los contenidos de esta pequeña obra, expresar unas breves palabras de agradecimiento a mi querido amigo Javier Otaola, así como al editor y equipo editorial de ARS POETICA, sin su apoyo y buen criterio esta humilde creación nunca hubiese visto la luz.

PRIMAVERA

春

Sol de primavera
Reflejos de oro
Reconozco la vida

春の陽の
黄金色した煌めきに
吾　人生を省みる

小林 東五郎

La Naturaleza inmensa
Canta bajo la lluvia
Una sinfonía vibrante

雄大な自然は奏づ
雨の下（もと）にて
心に響くシンフォニーを

小林

Despunta el alba
Acabado el frío, despierta el castaño
En cada instante nueva vida, en un pulso eterno

暁に芽吹く山々
寒さは去りて　栗の木目覚む
絶え間なき鼓動の中　あまねく宿る新たな生命

小林 東郎

Murmullo de agua, las piedras cantan
Incluso, lo inanimado
Vive a su manera

水はせせらぎ　巌は歌う
命なき者たちまでが
それぞれの生を謳歌する

VERANO

夏

小林 由太郎

Noche de verano
Una sombra insinuada
Flota sobre el aroma del tatami

夏の夜
かぐわしき畳の上に
思わせぶりな薄闇が来ぬ

小林

Sabor a mar
Viajo con la brisa
La misma Luna nos mira

潮の香りに誘(いざな)われ
そよ風と共に旅に出る
今宵も月が吾らを照らす

小林 由太郎

Céfiro cálido
Olor a jazmín refrescado al atardecer
Un verde profundo donde desaparecer

暖かな西風(ならい)がそよぐ
夕べにはジャスミンの香(か)も爽やか
深き緑にゆくりなくこの身をかくす

La cigarra notariza el estío
En la sombra de tu jardín
Busco cobijo

夏をなほ鮮やかにする蝉時雨(せみしぐれ)
君が庭の辺(べ)　閑(しず)かなる陰に
吾は求める　しばしの涼を

OTOÑO

秋

小林 由太郎

Miras, pero no ves

Oyes, pero no escuchas

Pobre corazón, de la cuna a la tumba sin haber latido

君は視れども其は見えず

聞けども何も聴こえない

哀れな心は　ゆるぎなく揺り籠から墓場まで満つ

Cada instante lo es de vida y muerte
Veo morir las olas en la playa
El mar permanece

刹那(せつな)がはらむ生死の狭間(はざま)
波は浜辺に横たわり　やがて消えゆく
けれども海はそのままに在(あ)る

Ser Cielo y Tierra
Ser Fuego y Agua
Es conocer lo esencial

Mañana quizás no sea,
Pero esta noche, en la ceniza escribo tu nombre
Aunque el viento se levanta

天と地の理（ことわり）を知り
水の火の在り様（ありよう）を探るのは
万物（ばんぶつ）の本質に触れる手がかり

明日をも知らぬわが身なれど
今夜は灰に君の名を書く
にわかに風が吹きすさんでも

小林
由太郎

Las hojas del arce caen
Su caída, un testimonio
Sobre la propia existencia

楓の葉の散りし時
その一葉は悠然と舞う
己の存在を焼きつけながら

INVIERNO

小林

La vida, extraordinaria,
Marca nuestra humanidad
Sin juzgar a nadie

人生は素晴らしきかな
思うまま自(みずか)らの人間性を発しても
とがめる者は誰もいない

En el silencio, llueve
Cada gota un recuerdo
Brillan en la noche

雨が降る　静けさの中
ひと雫（しずく）ごと懐かしき思い出が映り
夜に輝く

小林 由太郎

Niños jugando
En aprender a vivir se va la vida
Inevitable, cierta tristeza

子らは遊びに興(きょう)じつつ
人生をどう生くべきか学びとる
時として悲しみがつきまとうことも

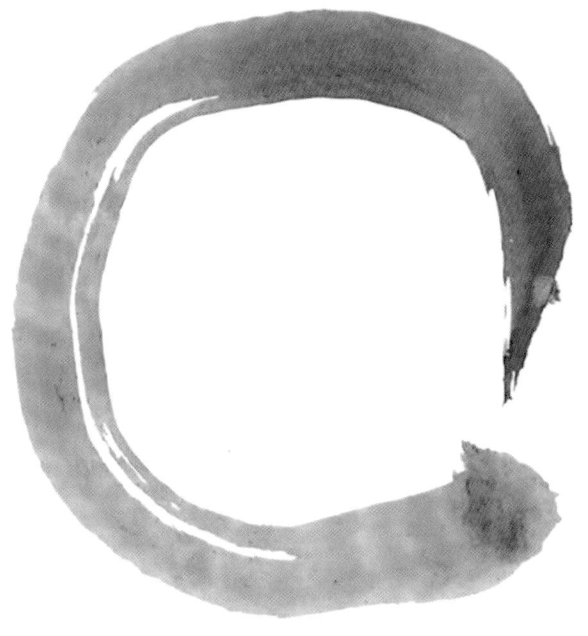
小林実郎

El final es el principio

Y el principio es eterno

Anda tu camino, absolutamente y en cada instante[1]

終わりとは次なる始まり

また始まりは尽きることなし

一時も歩みをとめず　理想を掲げ　この道を行かん

[1] Inicialmente, esta última frase se planteó como «anda tu camino, sin dejar residuo...». Sin embargo, dada la dificultad para expresar en castellano determinados conceptos relacionados con la filosofía oriental, consideré más adecuado introducir la redacción que, finalmente, figura en el texto y que, a mi modo de ver, verbaliza más adecuadamente lo que se pretende transmitir, eliminando cierta carga peyorativa inherente en castellano a la palabra «residuo».

五島市への尽きない郷愁に着想を得た本書を、アルトゥル・ショーペンハウアー、バールーフ・デ・スピノザ、ジッドゥ・クリシュナムルティ、老子、鈴木俊隆たち大家に捧げます。彼らは私たちの中に今も生き続けています。

五島の方々、パートナーの智子、息子の由太郎と賢次郎、人生という特別な冒険においてさまざまな時を私と分かち合ってくださったすべての方に心からの愛をこめて。

みなさまの与えてくれた光に感謝いたします。

ラ・マンガ（ムルシア州、スペイン）、2017 年 7 月 16 日

五島国際トライアスロン大会事務局のみなさま（gototri.com）、五島市の伝統的シンボルである、この愛らしいロゴマークを拙作に使用することを許可してくださったご親切に感謝いたします。

Este libro, inspirado en el permanente anhelo de regresar a Gotō (五島市), está dedicado a la memoria de los maestros Arthur Schopenhauer, Baruch Spinoza, Jiddu Krishnamurti, Lao-Tse (o quienquiera que fuera) y Suzuki Shunryū, ellos habitan en nosotros...

También, y con especial cariño, a las gentes de Gotō, a Sakurai Tomoko (mi compañera) por su incondicional y permanente apoyo, a Yutaro y Kenjiro (mis hijos), así como a todos los que, en algún momento de su existencia, me han acompañado en esta aventura extraordinaria que es la vida...

Gracias a todos por vuestra luz...

La Manga (Murcia), 16 de julio de 2017

Quiero agradecer a la oficina de la Gotō Triathlon Race (gototri.com) su cortesía y amabilidad al autorizar el uso de este entrañable logotipo (inspirado en el Baramon, símbolo tradicional de Gotō) como cierre de la presente obra.

目次

ÍNDICE

ホセ・ミラジェス・メローニョのこの作品
（由太郎・ホセ・ミラジェス・小林によるイラストを含む）は
ARS POETICA 出版社の「Ars Nova」コレクションとして
2017 年 9 月 9 日に完成しました。

Esta obra poética de José Miralles Meroño, ilustrada
por su hijo, Yutaro José Miralles Kobayashi, terminó
de componerse dentro de la
colección «Ars Nova» de la
editorial ARS POETICA
en el día 9 de
septiembre
del año
2017.